AF312682

SUCCESSION

DE

M. LÉON GAUCHEZ

Ancien Directeur de l'ART

AUTOGRAPHES

PARIS — 1907

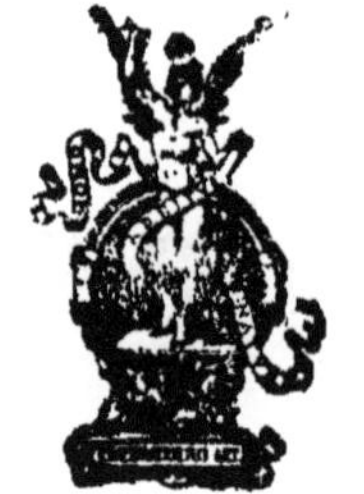

CATALOGUE

DES

AUTOGRAPHES

PROVENANT

DE LA

Succession de M. LÉON GAUCHEZ

Ancien Directeur de l'ART

ET DONT LA VENTE AURA LIEU A PARIS

HOTEL DROUOT, Salle N° 7

LE VENDREDI 13 DÉCEMBRE 1907, à 4 heures

COMMISSAIRES-PRISEURS

Mᵉ F. LAIR-DUBREUIL
6, rue Favart
PARIS

Mᵉ HENRI BERNIER
Administrateur de l'étude de feu Mᵉ P. CHEVALLIER
10, rue Grange-Batelière

EXPERT

M. NOEL CHARAVAY, 3, rue de Furstenberg

CONDITIONS DE LA VENTE

Elle sera faite au comptant.

Les adjudicataires paieront *dix pour cent* en sus des enchères.

Paris. — Imprimerie de l'Art, CH. BERGER ET Cⁱᵉ, 41, rue de la Victoire.

DÉSIGNATION

AUTOGRAPHES

1 — **Abrantès** (Laure PERMON, duchesse d'), épouse de
Junot, auteur de *Mémoires*, n. 1784, m. 1838.

   L. a. s. (1831) ; 12 p. in-4°.

   Longue et très intéressante lettre entièrement relative au
procès qu'elle soutenait contre le libraire Ladvocat, éditeur
de ses œuvres.

2 — **Artistes dramatiques.** 180 pièces. — *Vestris,
A. Tessandier, P. Viardot, D. Ugalde, Thirion,
Lassalle, Lafon, L. Lablache, Samson, H. Schneider,
M. Taglioni, J. Lemaître, Rubini, H. Monnier,
Régnier, etc...*

3 — **Benezech** (Pierre), ministre de l'intérieur sous le
Directoire, préfet de Saint-Domingue, n. à Montpellier, 1745, m. 1802.

   L. s. à Faipoult ; Paris, 18 nivôse an IV (7 janvier 1796), 3 p. in-fol.

   Document historique des plus curieux. Il a reçu sa lettre
relative à la vente de *beaucoup d'objets précieux* du Garde-
Meuble, que l'on transporterait à la maison Infantado pour
les faire estimer. « Le gouvernement doit s'empresser sans
doute de se créer des ressources en finances, par les mesures
indiquées dans la loi du 2 de ce mois : mais prenons garde
cependant de ne pas livrer à la cupidité des spéculateurs, des

chefs-d'œuvre de l'art que la France doit s'honorer de posséder, qu'on ne pourrait même vendre que difficilement et à vil prix, et dont la privation nous appauvrirait d'une manière irréparable. » Il craint qu'on ne lui ait exagéré les ressources financières que peut offrir le Garde-Meuble. Les bijoux et objets précieux sont presque tous uniques et trop curieux pour qu'ils puissent être aliénés; les meubles de luxe, en petite quantité, trouveront leur emploi dans les grands appartements du Luxembourg; les dentelles, d'un assez grand prix, peuvent être vendues sans inconvénient; les tapis sont destinés au service du Directoire et des ministres; les héritiers des condamnés réclament presque tous les tableaux.

4 — **Berlioz** (Hector), l'illustre compositeur de musique, membre de l'Institut, n. à la Côte-Saint-André (Isère), 1803, m. 1869.

L. a. s.; 12 janvier, 1 p. in-8°.

Précieuse pièce où il exprime son admiration pour Beethoven et pour Gluck, ces deux dieux supérieurs de son art. « L'un règne dans l'infini de la pensée, l'autre sur l'infini de la passion, et, quoique le premier soit fort au-dessus du second comme musicien, il y a tant de l'un dans l'autre néanmoins que ces deux Jupiter ne font qu'un seul Dieu en qui doivent s'abymer notre admiration et nos respects. »

5 — **Berlioz** (Hector).

L. a. s. à Armand Bertin; Londres, 17 mars 1848, 2 p. in-8°.

Il lui demande s'il peut continuer à lui insérer des articles sur les théâtres lyriques et les concerts de Londres. Il compte y séjourner deux mois encore, car il y gagne de l'argent. « Je suis fort heureusement soutenu par la presse et par les artistes et la curiosité du public s'allume de plus en plus à mon sujet. »

6 — **Berlioz** (Hector).

L. a. s. à M. Bennet; Paris, 5 ou 6 (*sic!*) février, 3 p. 1/2 in-8°.

Curieuse lettre où il lui fait part de la joie qu'il a ressentie en lisant son ouvrage (les *Troyens* ?) Figurez-vous qu'à part deux ou trois morceaux j'avais *tout oublié*. De sorte qu'en lisant je faisais de véritables découvertes... de là des joies! J'avais seulement laissé en arrière la scène de pantomime d'Andromaque dont l'importance m'effrayait. La voilà faite et de tout l'acte, c'est, je crois, le morceau le mieux réussi... J'en ai pleuré comme dix-huit veaux. Voyez comme j'imite encore le bon Dieu, qui, pourtant, n'avait pas une sensibilité très vive, à en croire cet affreux escamoteur de Moïse. » Piquante appréciation sur une œuvre de Lully.

7 — Berlioz (Hector).

L. a. s. à M. Bennet; Paris, 14 janvier 1857, 4 p. in-8°.

Spirituelle épitre où il parle du succès de la *Reine Topaze*, de plusieurs solistes allemands. Puis il parle d'un diner d'artistes et de savants donné par le prince Napoléon. « Nous étions par paires de membres de l'Institut. Deux musiciens, Halévy et moi, deux peintres, Ingres et Flandrin, deux des Sciences Morales, Michel Chevalier et M. Wolowshi, deux de l'Académie française, A. de Vigny et Ponsard, plus Dumas le chimiste, et A. Dumas fils qui pourrait être de l'Institut s'il n'avait pas tant d'esprit, etc... » Le dîner avait eu lieu le jour de l'élection de Delacroix à l'Académie des Beaux-Arts. « M. Ingres a dû avaler encore cette couleuvre; il n'en a pas moins été le soir aussi gracieux qu'il peut l'être. »

8 — Berlioz (Hector).

L. a. s. à M. Bennet: 11 juin 1856, 4 p. in-8°.

Il s'excuse de son retard à écrire un feuilleton par l'obligation de terminer un quatrième acte (les *Troyens*), une scène volée à Shakespeare et virgilianisée, qui le met dans des états ridicules. « Je n'ai eu à m'occuper que de la rédaction de cet immortel radotage d'amour qui fait du dernier acte du *Marchand de Venise* le digne pendant des hymnes sublimes de *Roméo et Juliette*. C'est Shakespeare qui est le véritable auteur des paroles et de la musique. Il est singulier qu'il soit intervenu, lui le poète du Nord, dans le chef-d'œuvre du poète romain. Virgile avait oublié cette scène. Quels chanteurs que ces deux!!! » Sa candidature est posée à l'Institut. (Il fut élu le 21 juin 1856, en remplacement d'A. Adam.)

9 — **Berlioz** (Hector).

Esquisses de l'air de Benvenuto Cellini, manuscrit aut. sig., paroles et musique, 2 p. in-fol. *Très intéressante pièce.*

10 — **Berlioz** (Hector).

Théâtre italien, manuscrit aut. sig., 3 p. 1/2 in-4°.

11 — **Boieldieu** (Adrien), célèbre compositeur de musique, auteur de la *Dame Blanche*, n. à Rouen, 1755, m. 1834.

5 l. a. s. et 1 l. aut. à M. Fournier, professeur de musique à Rouen ; 1825-1830, 17 p. in-8 et 5 p. in-4°.

Curieuse correspondance. Son éditeur vient de lui envoyer un exemplaire de la *Dame Blanche* superbement relié; il gagne de l'argent, mais il fait grandement les choses. Il se propose d'aller à Londres; Weber y est. Il y gagne 20,000 francs, et non pas 40,000. Boieldieu remercie ses compatriotes de la médaille qu'ils lui ont votée; il ira à Rouen leur exprimer sa gratitude, mais il ne veut pas de démonstration, ni conduire l'orchestre, ni de dîner chez le maire. L'opéra de Rossini a obtenu un grand succès. « Notre maison a été en sérénade cette nuit comme le jour de la *Dame Blanche*. Je suis descendu dans ma cour pour chanter dans les chœurs et j'ai fait deux brioches. Rossini, qui était aussi dans la cour, m'a trouvé une superbe basse-taille... la nuit tous les chats sont gris. » Il raconte qu'il cherche une maison de campagne pour se rapprocher de ses bons amis de Rouen; l'étude d'un notaire de Gisors a été révolutionnée quand il s'est nommé.

Il parle de la représentation du *Chaperon* à Rouen, puis du métronome. C'est une excellente invention pour connaître le mouvement des débuts en général. « Mais malheur à l'élève qui voudrait le suivre pour tout un morceau : 1° Je doute que qui que ce soit y [ait] réussi; 2° si ce malheur lui arrivait, ce serait la preuve que tout sentiment serait banni de ses intelligences musicales. Il n'y a pas en musique deux phrases qui, mathématiquement, soient dans le même mouvement. Les traits doivent être animés, les chants doivent être un peu ralentis, les notes qui portent l'expression un peu augmentées de valeur, et, au milieu de tout cela, il faut aller en mesure, mais non de cette mesure sèche qui serait le désespoir de la musique, mais de cette mesure relative qui donne l'aplomb à chaque phrase. » Dans une lettre du 7 août 1830, il raconte la Révolution de Juillet. « C'était cependant une jolie place que celle du roi de France! La perdre volontairement par un trait de plume. Faire verser le sang par un ridicule et barbare entêtement, on ne peut concevoir tant de démence. C'en est fini pour eux; maintenant, pensons à nous. Les gens raisonnables désirent que, le plus promptement possible, le duc d'Orléans soit proclamé *roi des Français*, et je suis de ce nombre. »

12 — **Boieldieu** (Document sur).

L. s. par A. ADAM, F. HALÉVY, AUBER, G. ONSLOW, CARAFA, A. THOMAS, au président de la Commission municipale de la ville de Paris; *s. d.*, in-fol.

Curieuse lettre. A titre de confrères, d'amis et d'admirateurs de Boieldieu, ils demandent que le nom de l'auteur de la *Dame Blanche* soit donné à la place située devant l'Opéra-Comique. Ils supplient la Commission municipale « de vouloir bien prendre en considération l'immense popularité de l'auteur du *Calife de Bagdad*, de *Ma tante Aurore*. de *Jean de Paris*, du *Chaperon* et de tant d'autres chefs-d'œuvre.

13 — **Bonaparte** (Joseph), roi de Naples, puis d'Espagne, frère aîné de Napoléon Ier, n. 1768, m. 1844.

L. a. s. *Joseph, comte de S.*; Londres, 18 août 1833, 4 p. in-8°.

Très curieuse lettre où il proteste contre la conduite d'un journal, dont il était actionnaire, à l'égard de l'Empereur. « Tout ce qui blesse par des expressions injustes le grand homme du grand peuple ne peut pas être accueilli par son frère. Je lui dois le peu qu'on me prise et la reconnaissance est un besoin de mon cœur. Il ne fut ni parricide, ni despote, ni tyran; il fut ce que son temps et sa nation voulurent qu'il fut. Il eût été Titus ou Trajan chez les Romains de ce siècle-là; Washington en Amérique; Charlemagne au vIII^e siècle. Dans ce qui a été fait de bien ou de mal dans son temps, il eut un grand complice : le peuple français. J'ai lu au fin fond de son cœur ; j'y ai vu naître ses plus patriotiques pensées. Il n'en est aucune qui ne fut uniquement dans l'intérêt et la gloire du peuple français. » Il déclare qu'il ne rentrera en France, que lorsque la loi inique qui l'a exilé sera abolie et qu'on l'aura relevé des obligations que 4,000,000 d'électeurs lui ont imposées trente ans auparavant.

14 — **Bonaparte** (Jérôme-Napoléon), dit le prince Jérôme, fils du roi de Wetsphalie, n. 1822, m. 1891.

L. a. s. à un général ; Paris, 20 mars (1848), 2 p. in-8°.

Très curieuse lettre. Il ne veut pas se mettre dans une fausse position vis-à-vis du gouvernement de la République qui a, d'ailleurs, toutes ses sympathies ; son père, fatigué des événements, n'aspire qu'au bonheur de vivre tranquille. Quant à lui, ses principes républicains lui sont connus depuis longtemps. « Fêter le 20 mars, c'est fêter le triomphe du peuple qui seul a ramené l'Empereur. C'est un anniversaire que tous les républicains peuvent avouer. En temps ordinaire, je prendrais part à une manifestation semblable avec un grand bonheur, mais je comprends tout ce qu'il faut de prudence dans les moments difficiles où nous nous trouvons : je m'abstiendrai donc d'y prendre part. »

15 — **Bonaparte** (Joseph-Charles-Paul-Jérôme Napoléon), dit le prince Jérôme.

L. a. s. à Pepoli ; Prangins, 25 août 1866, 1 p. in-8°.

Curieuse lettre relative aux conditions de la paix entre l'Italie et l'Autriche. « Il faut vous presser pour signer la paix et avoir les forteresses et la Vénétie. L'horizon de l'Europe est grave, très grave : l'Empereur est souffrant. La politique s'en ressent, la France n'en a plus ! Et nous allons *assez mal*. Je vois tout ce qui se passe, mais me tenant systématiquement à l'écart. »

16 — **Bonaparte** (Napoléon-Jérôme), dit le prince Jérôme.

L. a. s. à Mme Cornu ; Prangins, 7 décembre 1865, 4 p. in-8, papier à son chiffre.

Lettre des plus curieuses, relative à ses dissentiments avec l'Empereur. Il regrette l'éclat que l'Empereur leur a donné,

mais la faute en revient au souverain. « Nous ne sommes
pas brouillés. J'ai et j'aurai toujours pour mon cousin profond
respect et dévouement, mais nos opinions trop différentes
m'empêchent de rien être dans son gouvernement. » Il est
toujours disposé à écrire à l'Empereur, mais que peut lui
dire un paysan philosophe et libéral ? Il parle ensuite de ses
enfants Victor et Louis.

17 — **Bonvin** (François), le célèbre peintre de genre,
n. 1817, m. 1887.

Notes et souvenirs, album in-12 oblong, cart. toile
verte.

Curieux recueil, dans lequel Bonvin a retracé les débuts de
sa vie. Il passa onze ans dans les bureaux des prisons et hos-
pices, après avoir été apprenti imprimeur chez Béthune et Plon,
Cosson, Poussielgue, etc. Il étudia la peinture, en dehors de
ses heures de bureau, aux cours de la rue de l'École-de-Méde-
cine, etc. Cette incursion rétrospective est datée du 16 octobre
1872. Notes sur son séjour à Londres en 1871; cruelle appréciation de la peinture anglaise moderne. Notes de voyage sur
les Musées des Pays-Bas; de petits croquis illustrent le texte.

18 — **Bosio** (François-Joseph, baron), sculpteur, membre
de l'Académie des Beaux-Arts, n. 1769, m. 1845.

L. s. à Napoléon Ier; Paris, 20 avril 1815, 3 p.
in-folio.

Curieuse épitre. Il demande à l'Empereur de l'excuser si,
surmontant sa timidité naturelle et les règles que la modestie
semble prescrire, il vient lui rappeler ses titres. « Ce n'est que
devant la Divinité et devant Votre Majesté qu'il est permis de
faire éclater ses véritables sentiments. » Il cite les succès qu'il
a obtenus aux derniers Salons et s'appuie sur l'opinion favorable de ses confrères David, Gérard, Girodet, pour demander
la décoration de la Légion d'honneur et la place de premier
sculpteur. « Je consacrerai ma vie à justifier cet acte de la
munificence de Votre Majesté. »

19 — **Candeille** (Julie), femme Simons, puis Perié,
artiste dramatique, sociétaire du Théâtre-Français,
n. 1767, m. 1834.

L. a. s. des initiales, à Girodet-Trioson ; Brighton, 31 janvier (1816), 3 p. in-4°.

Jolie lettre intime qui commence ainsi : « Je sens pour vous ce soir un redoublement de souvenirs; j'y céderai toujours avec plaisir ; ce sera désormais le seul plaisir réel que me permette la raison. » Elle raconte son séjour en Angleterre, le « guignon » qui la poursuit et termine en l'assurant qu'elle l'aime et n'a jamais aimé que lui. »

20 — **Carnot** (Lazare), l'illustre conventionnel, *l'Orga-nisateur de la Victoire*, n. 1753, m. 1823.

L. a. s. au président de la Société libre des sciences de Dijon ; Paris, 15 pluviôse an VIII, 1 p. in-4°.

Il remercie du titre d'associé qui venait de lui être conféré par la Société de Dijon.

21 — **Charras** (Jean-Baptiste-Adolphe), lieutenant-colo-nel, célèbre écrivain et homme d'Etat républicain, n. 1810, 1865.

L. a. s.; Bâle, 2 septembre 1862, 2 p. in-8°.

Très curieuse lettre où il remercie le critique de la *Revue du mois* de son compte-rendu de l'*Histoire de la campagne de 1815*. L'écrivain est fier des louanges, mais le démocrate est heureux de trouver partagée son opinion sur l'homme de Brumaire, le plus puissant et le plus perfide des contre-révo-lutionnaires du siècle passé. « Napoléon consul, Napoléon empereur, usurpateur de nos droits, oppresseur de la France, oppresseur du continent, est la cause de nos malheurs, l'ori-gine de tous les maux qui nous affligent. » Charras félicite son correspondant de secouer le joug de la légende napolé-onienne et de blâmer la funeste aberration de Hugo, qui n'a étudié Bonaparte que dans Thiers et dans Marco Saint-Hilaire.

22 — **Compositeurs de musique.** 6 pièces. — *Meyer-beer, Spontini, A. Adam, Halévy.*

23 — **Condorcet** (Jean-Antoine Nicolas de Caritat, marquis de), illustre savant, philosophe et conven-

tionnel, membre de l'Académie française, n. 1743, m. 1794.

L. a. s.; Hôtel des Monnaies, 19 novembre 1782, 2 p. in-8°.

Il est compris pour une somme très considérable dans la faillite du prince de Guémenée et se refuse d'accéder à un pacte d'union conclu entre certains créanciers. Le seul objet de cet acte est de mettre la fortune et la personne du banqueroutier à l'abri de toute poursuite afin que, revêtu des premières dignités de l'Etat, il puisse insulter par son faste à ceux qu'il a volés. « Il me semble que lorsque les banqueroutiers qui ont préparé une banqueroute de trente millions, qui ont eu trois mois pour mettre en sûreté leurs effets, qui jouissent encore d'un revenu considérable, appartenant à une famille prodigieusement riche et qui a plus de deux millions de rentes des bienfaits du Roi, — il me semble que les créanciers n'ont d'autres ressources que de poursuivre la personne de ces banqueroutiers suivant toute la rigueur de la loi et que renoncer à ce droit, parce que ces banqueroutiers sont puissants, c'est à la fois lâcheté et sottise. »

24 — **Courbet** (Gustave), le célèbre peintre réaliste, membre de la Commune de Paris, n. à Ornans, 1819, m. 1877.

L. a. s., (1855), 4 p. pl. in-8°.

Spirituelle épitre, une des plus belles connues. Il a été malade et ne pourra tenir prêt pour l'époque annoncée le tableau que lui a commandé le gouvernement; il sera de la dimension de l'*enterrement* avec trente personnages grands comme nature et représentera son atelier dans le passé et le présent. « Ce qui s'y passe moralement et physiquement, c'est passablement mystérieux, devinera qui pourra. » Il a, d'autre part, un tableau de *Cribleuses de blé* faisant suite aux *Demoiselles de village*. Il voudrait faire venir aux frais du gouvernement les tableaux qui sont à Francfort et qu'il ferait figurer à l'Exposition universelle; son exposition avec « le père Bruyas » a échoué ; ce dernier, qui est le bailleur de fonds, a peur qu'on l'envoie à Cayenne. Il travaille à contre-cœur, la paresse s'est emparée de lui, il préférerait aller à la chasse, car il est devenu braconnier enragé.

25 — **Courbet** (Gustave).

6 l. ou billets aut. sig.; février 1870, 10 p. in-8° et in-16.

Intéressant dossier relatif à la cession de plusieurs tableaux.

26 — **Cuvier** (Georges), l'illustre naturaliste, n. à Montbéliard, 1769, m. 1832.

L. aut. au citoyen Boigeol, à Vesoul; Paris, 25 nivôse an IV, 3 p. un quart in-4°.

Il vient d'être admis à l'Institut national de France. Il attribue ce bonheur au défaut de concurrents dans la partie qui l'occupe : « Je jouis néanmoins bien vivement de pouvoir me réunir tous les soirs avec tout ce que la France produit de plus illustre, profiter de leurs leçons et de leurs exemples, admirer surtout l'étonnante simplicité de la plupart de ces hommes dont le nom retentit dans toute l'Europe. » Il demande des renseignements sur les diverses espèces de rats de la Franche-Comté, renseignements dont il a besoin pour un ouvrage dont il s'occupe avec Geoffroy. Il ne promet pas de nouvelles de Paris, parce qu'il ne s'en informe plus du tout. « Au bout du compte, ajoute-t-il, tout cela ne m'intéresse guère. »

27 — **Dejoux** (Claude), célèbre sculpteur, membre de l'Institut, n. 1732, m. 1816.

L. a. s. à Amaury-Duval; Paris, 18 germinal an IX, 1/2 p. in-4°.

Relative au payement de sa statue colossale. On a joint un rapport, non signé, rédigé par David, Vien, Regnault, Chalgrin, etc..., sur la statue colossale de la Renommée exécutée en plâtre par Dejoux.

28 — **Delaroche** (Paul), le célèbre peintre, n. 1797, m. 1850.

L. a. s.; 13 octobre, 3 p. 1/2 in-8°.

Intéressante lettre à un ami. Il a conduit un petit enfant au grand air, au soleil et il espère, de cette manière, lui rendre la santé. Mais la solitude lui pèse et il a peur de mourir loin de ses amis. « Cependant on a fait de moi un ambitieux, un

homme sec et froid — un diplomate enfin — on m'a jugé sur
mes ouvrages, sur ma figure, et on a passé devant l'homme
sans le regarder... Je puis le jurer hautement je n'ai jamais
demandé ni réputation, ni places, ni travaux. J'ai toujours
attendu qu'on vint poliment m'offrir ma part et souvent j'ai
refusé par respect pour notre profession. »

29 — **Deschamps** (Emile), célèbre poète et auteur dramatique, n. 1791, m. 1871.

1° L. a. s. (à INGRES) ; Paris, 27 mars 1833, 1 p. 1/2,
in-4°.

Curieuse lettre où il l'informe qu'il se présentera avec
Mesdemoiselles Cecilia et Rosa de la Morinière afin de lui
soumettre le portrait que ces demoiselles ont fait de lui.
« Vous avez déjà reçu quelques vers de mon frère Antony
Deschamps, vous voyez que l'admiration pour vous est dans
la famille. Elle est surtout dans la grande famille des poëtes ;
et depuis quelques années il ne se passe point de semaines,
où vous ne soyez comme un Dieu, invisible et présent, dans
toutes nos réunions de poésie et d'amitié. C'est ce que vous
diraient Victor Hugo, Lamartine, Alfred de Vigny, Sainte-
Beuve....... Enfin, tous nos amis ; c'est ce qu'il m'est doux de
pouvoir vous dire aujourd'hui. »

2° Pièce de vers aut. sig.; mars 1833, 2 p. in-4°.

Jolie pièce composée en l'honneur des demoiselles de La
Morinière. Le nom de Ingres y figure en compagnie de Raphaël.

30 — **Detaille** (Edouard), le célèbre peintre, membre de
l'Institut.

L. a. s.; Paris, 10 mai 1878, 4 p. in-8°.

Il proteste contre la décision de l'administration qui a fait
retirer du Salon et de l'Exposition universelle des tableaux de
scène militaires, par crainte de déplaire aux Allemands. Les
tableaux retirés ont servi d'éléments à une exposition particulière. Il donne la liste des tableaux exposés.

31 — **Dumas fils** (Alexandre), le célèbre écrivain et auteur dramatique, membre de l'Académie française,
n. 1824, m. 1895.

L. a. s. à un camarade; 11 juin 1874, 26 p. 1/2 in-8°.

Curieuse lettre à un ancien condisciple, habitant la Louisiane. Il lui donne avec humour la description de son cabinet de travail et parle de ses petites manies. « Mon avis est qu'un artiste ne peut vraiment être inspiré que par les arts qu'il ne cultive pas. Comprends-tu ce que je veux dire? Je veux dire qu'une belle statue peut quelquefois inspirer une belle mélodie à un musicien, pourra faire faire un beau tableau à un peintre. Un maître dans un art peut créer plus facilement un maître dans un autre art que dans son art propre. Quand j'écoute le *Tartuffe* ou le *Misanthrope*, cela me ravit et me décourage, moi, homme de théâtre, je me dis que je ne pourrai jamais exécuter un pareil chef-d'œuvre; mais si je regarde l'Achille ou la Vénus de Milo, si j'écoute la symphonie en *la* ou le *Don Juan*, si je contemple la Joconde ou l'Antiope, mon esprit s'exalte, et comme il ne connaît pas les difficultés pratiques par lesquelles le sculpteur, le musicien et le peintre ont passé, il ne voit plus que le chef-d'œuvre et il rêve, et il lui semble possible d'en créer. » — Cette curieuse pièce s'arrête net à l'anecdote de la main de marbre qui se trouvait sur le bureau de Dumas. — On a joint une lettre de Dumas relative à la pièce ci-dessus et en autorisant la publication.

32 — **Dumas fils** (Alexandre).

L. a. s.; Paris, 9 p. in-16.

Intéressante lettre où Alexandre Dumas se montre amateur de tableaux. Il a quarante Tassaert, dont son portrait par lui-même, plus beau que les plus beaux Géricault. Il donne le titre de ses principaux tableaux. Il cite un détail inédit sur Tassaert. C'est Dumas fils qui lui acheta une concession à perpétuité au cimetière du Mont-Parnasse.

33 — **Fétis** (François-Joseph), compositeur de musique et musicographe belge, n. 1784, m. 1871.

L. a. s. à Vincent; Bruxelles, 21 mai 1857, 3 p. 1/4 in-8°.

Très intéressante lettre toute relative au Micrologue de Gui d'Arezzo et à une interpolation faite dans un manuscrit. Il est convaincu que l'emploi du quart de ton n'a jamais eu lieu dans le chant grégorien. Gui est le premier écrivain sur la musique du Moyen âge qui ait rompu absolument avec la théorie de la musique des Grecs.

34 — **Garibaldi** (Giuseppe), célèbre général et patriote italien, n. 1807, m. 1882.

L. s., en français, à M. Lewis Farley; Caprara, 13 novembre 1875, 1 p. 1/2 in-4°.

Il félicite lord John Russel d'avoir ouvert une souscription en faveur des blessés de l'Herzégovine; il s'est fait, dans cette circonstance, l'interprète de la généreuse nation anglaise. L'Angleterre a bien fait de jeter son veto à l'oppresseur des chrétiens de l'Orient, comme elle l'a fait au tyran de Naples et à son protecteur Bonaparte, « quand il voulait nous empêcher de passer le détroit de Messine et donner la liberté à notre patrie. »

35 — **Garnier** (Etienne-Barthélemy), peintre d'histoire, membre de l'Académie des Beaux-Arts, n. 1759, m. 1849.

14 l. a. s. à M. Failly, à Cambrai; Paris, 1834-1838, 40 p. environ in-4°.

Intéressante correspondance artistique toute relative au tableau, représentant saint Vincent de Paul devant Richelieu, qui avait été commandé à Garnier pour orner la chapelle du grand séminaire de Cambrai. Une des lettres est accompagnée de deux calques, l'un au lavis, l'autre au trait, qui donnent l'idée première du tableau. Ce dossier forme un document local très intéressant.

36 — **Gaulle** (Edme), célèbre sculpteur, né à Langres, 1770, m. 1841.

1° L. a. s.; Paris, 20 octobre 1839, 1 p. in-4°.

Lettre relative à la fontaine du rond-point des Champs-Elysées.

2° *Notice historique sur M. Gaulle, statuaire;* p. a. signée G^ie; Paris, 6 décembre 1839, 6 p. 1/2 in-fol.

Très intéressant manuscrit qui contient les détails les plus intéressants sur la vie et la carrière de Gaulle, sur la commission chargée de recueillir les œuvres d'art en Italie, etc.

37 — **Gérard de Nerval** (Gérard LABRUNIE, dit), le célèbre écrivain, traducteur de *Faust*, n. 1808, m. 1855.

L. a. s. *Gérard* à M. Emile Blanche, 2 p. in-8°.

Jolie lettre, où il raconte son séjour à Munich; son esprit se rasseoit de plus en plus, et il pense que c'est le meilleur résultat qu'on puisse attendre. « Je suis arrivé à régulariser mes dépenses, et vous ne regretterez pas de m'avoir rendu à moi-même. C'est ainsi que j'arriverai à reprendre ma situation. Enfin, rien n'est perdu et j'ai beaucoup réfléchi depuis que je vous ai quitté. »

38 — **Gossec** (François-Joseph), célèbre compositeur de musique, auteur de la musique des fêtes de la Révolution, né, à Vergnies (Belgique), 1733, m. 1829.

L. a. s. au peintre Chéri; Paris, 10 germinal an XII, 1 p. 1/4 in-4°.

Curieuse épître toute relative à son fils, dont il ne peut plus payer le loyer. Piquants détails à ce sujet.

39 — **Gounod** (Charles), l'illustre compositeur de musique, n. 1818, mort 1893.

1° L. a. s. à un artiste, 3/4 de p. in-8°.

Jolie lettre adressée à une de ses interprètes. Il l'appelle « *ma chère Lesbienne* », l'informe que la répétition générale est avancée, qu'il ne veut pas la tuer en la forçant d'y assister et qu'il se tient à ses ordres pour une dernière revue de sûreté.

2° *Détails sur Zimmermann*, pièce aut., 1 p. 1/2 in-8°.

Gounod donne quelques renseignements sur la bonté de son beau-père. On a joint quelques notes autographes de Zimmermann donnant des détails sur sa carrière, sur ses élèves, etc... Intéressant dossier.

40 — **Gounod** (Charles).

Page d'album aut. sig., 1 p. in-4° oblong.

Jolie pièce. Ce sont les quatre premiers vers de l'air de la *Coupe du roi de Thulé*, avec dédicace à M. P. de Cassagnac.

41 — **Gratry** (l'abbé Auguste), célèbre théologien et écrivain, membre de l'Académie française, n. à Lille, 1805, m. 1872.

15 l. a. s. à Alfred de Vigny ; 1861-1862, 36 p. in-8°.

Précieuse correspondance relative à sa candidature à l'Académie française et aux croyances religieuses d'Alfred de Vigny, dont le P. Gratry s'efforçait de combattre le scepticisme. On a joint 5 minutes aut. d'Alfred de Vigny ; ce sont les projets de réponse au P. Gratry.

42 — **Hérold** (Ferdinand), célèbre compositeur de musique, auteur de *Zampa* et du *Pré aux Clercs*, n. 1791, m. 1833.

L. a. s. à M. Dubois, bibliothécaire du duc de Bourbon ; 27 novembre 1827, 2 p. 1/2 in-4°. *Rare*.

Belle lettre où il lui annonce son mariage. « J'épouse une demoiselle charmante, élevée d'une façon admirable, pleine d'instruction et de talent, et quoique sa fortune soit peu de chose, ses espérances sont solides et mon avenir est assuré. » Il ne prévoit pas qu'il aura de grands plaisirs, mais il ne voit pas de chagrins à redouter. Sa femme connaissant peu de monde et pas d'artistes, il sera indépendant, etc.

43 — **Humboldt** (Guillaume de), célèbre écrivain et homme politique allemand, n. 1767, m. 1835.

6 l. a. s., en français, à M. de Gerando ; Paris, Berlin, Rome, 1801-1810, 15 p. in-4°.

En quittant Paris, il promet l'envoi de notes sur le mouvement littéraire allemand. Appréciation sur les ouvrages de Kant, Fichte et Schelling. Le séjour de l'Italie n'est pas favorable aux idées métaphysiques ; le gouvernement et le clergé mettent trop d'obstacles à leur développement.

44 — **Ingres** (Jean), l'illustre peintre, n. à Montauban, 1781, m. 1867.

L. a. s.; Paris, 4 octobre 1848, 1 p. in-4°.

Belle lettre où il demande que le ministre s'intéresse au sort du peintre Degoffe, élève d'Ingres, et le premier dans son genre d'après son maître. Il faut encourager le paysage historique dont *Le Poussin* est la gloire, car le vulgaire n'y est pas du tout initié.

45 — **Lamartine** (Alphonse de), le grand poète, membre de l'Académie française, n. 1790, m. 1869.

2 l. a. s. à Charles Nodier; (Mâcon, 1832), 1 p. in-4° et 1 p. in-8°.

Intéressantes lettres. Dans l'une d'elles il envoie à Nodier une somme d'argent double de celle que Nodier lui avait demandée. Il l'accompagne des termes les plus affectueux et s'excuse de ne pouvoir faire mieux. « J'ai été enleveur d'actrices et joueur comme vous. Je suis resté triste et rêveur et prieur, mais non misanthrope. L'humanité fait pitié, mais certains hommes révèlent sa haute destinée et font voir ce qu'elle eût été, ce qu'elle sera dans une meilleure sphère. Adieu, aimez-moi et écrivez-moi quelquefois. Je ne suis pas bien riche à présent, la large *possibilité* n'existe plus, mais tant qu'il y aura demi-possibilité, il y en aura un quart pour vous, mon ami et mon poète! »

46 — **Lemonnier** (Camille), écrivain et romancier belge, n. à Ixelles.

16 l. a. s. à M. Falk, 1871-1873, 60 p. env. in-8°.

Très intéressante correspondance, toute relative à la littérature belge et aux œuvres de C. Lemonnier. La moindre de ces lettres a 3 pages. D'autres en ont 6 à 8. Toutes sont remplies de détails curieux.

47 — **Littérateurs.** 79 pièces. — *Aimé Martin, Ch. Nodier, Pigault Le Brun, L. Ulbach, Th. Barrière, Madame Ancelot, Bérat, R. de Beauvoir, Dumas père, Meilhac, Villemain, P.-J. Proudhon, etc.*

48 — **Maistre** (Joseph, comte de), célèbre philosophe,
auteur *des Soirées de Saint-Pétersbourg*, n. 1754,
m. 1821.

L. a. s.; Saint-Pétersbourg, 24 octobre-5 novembre 1813; 4 p. in-4°.

Très curieuse lettre relative aux affaires du roi de Sardaigne en Russie. Piquante appréciation du caractère de l'empereur François Ier.

49 — **Marrast** (Armand), célèbre homme d'État, membre
du Gouvernement provisoire de 1848, n. à Saint-
Gaudens (Haute-Garonne), 1801, m. 1852.

L. a. s. aux membres de la Commission du Pouvoir exécutif (juillet 1848), 1 p. in-folio.

PIÈCE HISTORIQUE par laquelle il donne sa démission de maire de Paris, fonction qu'il occupait depuis le 9 mars précédent.

50 — **Marrast** (Armand).

8 l. aut., sig. de ses initiales, à son ami Ferdinand Bascans; 1827-1837, 24 p. in-4° ou in-8°.

Correspondance intime des plus importantes pour la biographie de Marrast. Nous n'en citons que quelques passages. — *23 mars 1827* : Il étudie le droit et exerce les fonctions de maître surveillant de la section des lettres. C'est une bonne situation, mais qui lui pèse néanmoins. « J'évite même tout ce qui pourrait m'attacher à Paris. Je veux vivre obscur et heureux, et cela ne se peut qu'en province avec des soins amis et une considération modeste et bienveillante. Je voudrais pouvoir être assuré d'un revenu de 2,000 francs; j'aurais alors de la liberté et du pain. « Hoc erat in votis! » — *Sainte-Pélagie, 27 juillet 1834* : Emprisonné comme soupçonné de complot contre le gouvernement, il examine sa situation. « Dans l'avenir, et malgré les niais et les sots qui clabaudent, il n'y aura, aux yeux des temps futurs, d'autre gloire pour le présent que les protestations armées du parti républicain et l'indignation ferme et fière de la presse qui a su faire son devoir à tout risque ». — *Londres, 20 janvier 1836* : Considérations curieuses sur l'Angleterre. Il déclare que les Anglais sont arriérés de 200 ans pour le savoir-vivre et que les femmes sont d'une beauté remarquable, mais n'ont pas de goût. — *Londres, 24 avril 1837* : Détails sur son prochain mariage. — *Londres, 18 mai 1837* : Il proteste avec énergie contre l'amnistie qu'on veut lui infliger à lui et à ses amis. « Au lieu donc de réclamer pour nous une chose honteuse, vous auriez dû tous sentir que c'est une tache pour un parti que d'être amnistié; vous auriez dû tous sentir que, pour des hommes politiques, c'est la condition la plus triste et la plus défavorable à leur action dans l'avenir... » — Une lettre adressée au même destinataire a été publiée dans l'*Amateur d'autographes* du 15 août 1900.

51 — **Meissonier** (Jean-Louis-Ernest), le célèbre peintre, membre de l'Académie des Beaux-Arts, n. 1815; m. 1861.

P. a. s.; (Paris, 1858), 18p. in-4° à mi-marges (*Coll. Bovet.*)

CURIEUX DOCUMENT. Meissonier fait l'historique de ses relations avec un marchand anglais de tableaux, nommé Gambart, qui s'est chargé d'éditer l'estampe des *Deux Amis*, gravée par Revel et Blanchard, et ne le paie pas, qui lui a acheté son tableau des *Joueurs d'échecs*, et l'a fait frauduleusement graver par Blanchard. Curieux détails.

52 — **Meissonier** (Ernest).

L. a. s. à M. Pillardeau; (1860 ou 1861), 6 p. in-8°.

Intéressante lettre, d'une longueur inaccoutumée. La perte de deux personnes de sa famile et la nécessité de terminer d'autres tableaux l'ont obligé « à renoncer momentanément à travailler à ce tableau du Premier Empire, qui fait tout mon plaisir et sera toute ma gloire. » Le reste de la lettre, qui est adressé à un ancien officier, est entièrement consacré à des détails de costume militaire, sur lesquels Meissonier demande les renseignements les plus précis pour les utiliser dans ses tableaux.

53 — **Mérimée** (Prosper), le célèbre écrivain, membre de l'Académie française, n. 1803, m. 1870.

L. a. s.; 2 janvier 1851, 1 p. in-8°.

Jolie lettre relative à sa notice sur Beyle.

54 — Mérimée (Prosper).

4 l. a. à Beyle dont deux signées des initiales; une seule est datée de 1825, 6 p. in-4° ou in-8°. Deux pièces portent au dos des annotations aut. de Beyle.

Dans la première, il le félicite sur l'*Histoire de la peinture en Italie*. Dans une autre, il se déclare impuissant à lui trouver une épigraphe pour tous les chapitres de son volume; en revanche, il lui donne des conseils pour la publicité d'une de ses œuvres. Il est d'avis que Beyle doit la signer. « Vous ne pouvez pas changer votre style cassant, et tous vos lecteurs vous reconnaîtront. On dira M. B. a eu honte de signer même son nom supposé, donc il a honte de son roman — donc le roman est mauvais — donc ne le lisons pas, concluront ceux qui entendront ces conclusions. » Mérimée est d'avis de supprimer le sous-titre *ou le faubourg Saint-Germain*; il voudrait un titre où le mot d'amour fût prononcé; ce serait une suite au livre *De l'amour*.

55 — Mérimée (Prosper).

Dessin à la plume représentant un Cosaque et un Persan avec des légendes en russe.

56 — Méryon (Charles), célèbre graveur, dont les œuvres sont très recherchées, n. 1821, m. 1868.

L. a. s. à un ami, 1 p. gr. in-4°.

Belle lettre, écrite au dos d'une gravure de Méryon représentant le plan du combat naval de Sinope, d'après le dessin d'un officier du navire anglais *Retribution*. La lettre contient d'intéressants renseignements sur la gravure de ce plan.

57 — Michelet (Jules), le célèbre historien, membre de l'Institut, n. 1798, m. 1874.

48 l. a. s. à M. Mouttet; 1861-1872, 100 p. environ in-8°.

Intéressante correspondance. La plupart des lettres sont relatives aux ouvrages de Michelet, à qui M. Mouttet prêtait des documents. Cette correspondance montre les procédés de travail du grand historien.

58 — **Murat** (Achille), fils aîné du roi de Naples, n. 1801, m. 1841.

L. s. à sa cousine Constance Bonaparte; Paris, 5 janvier 1841, 3 p. in-folio.

Il lui rappelle que l'Empereur, en quittant son frère Joseph, à Rochefort, lui remit une somme de 8 millions en le priant d'en faire l'usage que lui, l'Empereur, en aurait fait s'il avait été libre. A la mort de l'Empereur, cette somme aurait dû revenir à son fils, et à la mort de celui-ci et de sa mère aux frères et sœurs de l'Empereur et à leurs descendants. Le roi Joseph n'en a rien fait et employé le tout à son usage personnel. Achille Murat annonce qu'il va le poursuivre dans tous les pays où il a des propriétés. Curieux détails.

59 — **Noel** (Alexandre-Jean), peintre de marines, n. à Brie-Comte-Robert (Seine-et-Marne), 25 juillet 1752. m. 1834.

2 l. a. s. à M. de Vienne; Paris, 17 septembre 1824 et 18 avril 1828, 5 p. in-4°.

Très intéressantes lettres relatives à ses œuvres et pleines de réflexions sur son art.

60 — **Norvins** (Jacques Marquet, baron de), historien de l'Empire, n. 1769, m. 1854.

L. a. s. à Ingres; Pau, 27 juillet 1842, 4 p. pl. in-4°.

Très belle lettre où il donne les raisons qui l'ont forcé à s'établir à Pau. Il félicite son correspondant sur le portrait qu'il a fait du duc d'Orléans; il en déplore la perte. « Vous allez le voir marcher au sépulcre, suivi de ses quatre frères ! Dix-huit mois ne sont pas encore écoulés et Paris aura vu deux apothéoses funéraires, l'une du grand homme, qui avait refondé le trône français, l'autre du jeune prince, qui allait s'y asseoir. Quel siècle, mon cher Ingres, et qu'est-ce que l'histoire de Louis XIV, après les cinquante ans que nous venons de voir. »

61 — **Pajou** (Augustin), le gracieux sculpteur, membre de l'Institut, n. 1730, m. 1809.

L. a. s. à son fils ; Montpellier, 2 brumaire an III (23 octobre 1794), 2 p. in-8º.

Intéressante lettre où il lui donne l'itinéraire de son retour à Paris. Il est satisfait d'apprendre que la Convention a bien reçu son offrande nationale, il se prépare à exécuter le buste en marbre de Beauvais, etc.

62 — **Pajou** (Augustin).

L. a. s. à M. d'Angiviller (10 février 1783), 2 p. in-4º.

Il lui mande qu'il croit avoir trouvé ce qu'il convient de faire pour le pendant de l'*Amour* de Bouchardon. C'est une statue de Psyché, abattue par la douleur d'avoir perdu l'Amour par son indiscrétion. Il veut que cet ouvrage établisse sa réputation, il ne faut épargner ni le temps, ni l'argent pour avoir de beaux modèles. *Curieux détails.*

63 — **Paris** (Document sur).

L. s. de l'architecte Chalgrin au ministre des finances ; Paris, 29 fructidor an IV, 2 p. in-4º.

Lettre relative à la marche des travaux du palais directorial ; les paiements étant suspendus, les entrepreneurs craignent de ne pouvoir faire la paye aux ouvriers. « Il est cependant, citoyen ministre, d'absolue nécessité que les entrepreneurs puissent payer leurs ouvriers aujourd'hui. Ils pourraient courir les risques d'être maltraités par eux, parce qu'ils ont promis aux dits ouvriers sur la parole qu'on leur avait donnée qu'ils recevraient cette décade. »

64 — **Peintres, sculpteurs et graveurs**. 350 pièces. — Le Thière, Cham, Bonvin, Gavarni, Eug. Guillaume, Falguière, Chéret, Chapu, Clesinger, A. Dumont, A. Préault, Mène, Dalou, Duret, Bonnassieux, A. Cain, Simart, etc.

65 — **Petitot** (Louis-Messidor-Lebon) célèbre sculpteur, membre de l'Académie des Beaux-Arts, n. à Paris, m. 1862.

15 l. a. s. au sculpteur **Roman**; 1819-1825, 34 p. in-4° et 6 p. in-8°.

Précieuse correspondance artistique. — Les 10 premières lettres, formant 34 p., in-4°, sont écrites de 1819 à 1821, pendant le séjour de Roman à Rome. Le 24 octobre 1819, Petitot rend compte du Salon de 1819, il apprécie les œuvres de Bridan, Cortot. (Les œuvres de ce dernier égalent celles de son maître), Pradier, Bra, Cartellier, Dupaty, Debay, Gois, Drolling, Abel de Pujol, H. Vernet, Géricault, qui exposait son *Naufrage de la Méduse*. Petitot trouve que le sujet est senti avec une chaleur étonnante. Sur chaque artiste Petitot exprime son avis, sincèrement, et avec le désir visible d'admirer. Le 10 août 1819, Petitot écrit qu'il va exécuter avec son père (Pierre Petitot, né en 1751 à Langres), un trophée pour le pont de la Concorde. Le 16 décembre 1819, il donne quelques détails sur les artistes contemporains. Les noms de Cortot, Pradier, Cartellier, Géricault, Schnetz, etc., reviennent constamment. Petitot raconte (le 17 mars 1820, comment il s'y prit pour attirer Cartellier dans son atelier, afin de lui demander la main de sa fille. Il exalte la bonté de son maître et futur beau-père. Les lettres par leur longueur et leur intérêt sont difficiles à analyser, car il faudrait tout citer. Elles sont d'une grande importance, tant pour la biographie de l'artiste, que pour l'étude des œuvres et de la vie des artistes de la génération de Petitot et de celles de leurs maîtres. Elles sont empreintes d'une tendre amitié pour ses camarades et d'une grande admiration pour les maîtres.

66 — **Pigalle** (Jean-Baptiste), le grand sculpteur, n. 1714, m. 1785.

L. s. (au marquis de Marigny); Paris, 24 juin 1757, 3 p. in-4°.

Superbe lettre toute relative à son mausolée du maréchal de Saxe, qui se trouve dans l'église luthérienne de Strasbourg. Il demande la délivrance de trois blocs de marbre, dans lesquels il doit tailler la France, l'enfant et les animaux Si ce marbre ne lui est pas délivré il ne pourra occuper les compagnons, qui s'engageront autre part. « D'ailleurs en fait de grands ouvrages comme celui-là, outre la perte réelle qu'il y a pour l'artiste, quand ils ne sont pas faits tout de suite, ils perdent aussi du côté de la chaleur du travail par ces différentes interruptions. »

67 — **Prud'hon** (Pierre-Paul), le grand peintre, membre de l'Académie des Beaux-Arts, 21 septembre 1876, n. 1758, m. 1823.

L. a. s. au baron de Joursanvault ; Paris, 12 novembre 1730, 4 p. in-4°. *Très rare.*

PRÉCIEUSE PIÈCE. — Il rend compte à son protecteur de ce qu'il a vu dans la capitale. Les églises ne contiennent guère que des tableaux médiocres ; il a visité les collections de MM. Wille et Baudoin. Ce dernier possède des toiles de Rembrandt, G. Dow, Teniers, Rubens, Van Dyck, Ostade, Breughel, P. Véronése, etc. Prud'hon a grande envie de dire ce qu'il pense sur les maîtres contemporains, mais il craint de paraître orgueilleux. Avec un peu de travail il espère les égaler. « J'ai vu des tableaux de M. Pierre ; c'est d'un mauvais dessin pratique, d'un coloris sale et défectueux. Ceux de M. Lagrenée ne sont guère mieux. A un dessin qui n'est ni mâle, ni beau, il joint un coloris faible et sans effet. J'en conclus que, sans se piquer d'orgueil, on peut arriver à un point plus éminent.

68 — **Prud'hon** (Pierre-Paul). — Album de voyage contenant de nombreux dessins et esquisses, à l'encre et au crayon, in-12, couv. en parchemin, numéro de vente.

Ces dessins sont attribués à Prud'hon, mais les quelques lignes d'écri ure que l'on remarque à divers endroits de l'album ne semblent pas être de la main de l'illustre peintre.

69 — **Rachel** (Elisa FÉLIX, dite), la grande tragédienne, n. 1821, m. 1858.

L. a. s. ; Brême, 13 septembre 1850, 4 p. in-8°.

Belle lettre où elle raconte le succès de sa tournée en Allemagne : « Ma route est une allée de fleurs, les rois et les reines et même les princesses me comblent. Les détails je vous les donnerai à Paris, sans quoi vous ne viendriez peut-être plus me voir et je ne pense pas que vous ayez quelque velléité de vouloir, comme Caussidière, faire de l'ordre avec du désordre. (Le jeu de mots n'est décidément pas bon ; je ne le ferai plus papa.) Sa tournée doit encore se prolonger pendant deux mois et demi et cette pensée lui ferait verser un torrent de larmes si elle ne songeait que, dans l'intérêt de son art, elle ne devait les garder, « car je vous assure qu'on les vend chers par ici et on doit y penser à deux fois quand il s'agit, d'en répandre pour rien ». Elle le quitte pour écrire à sa nichée et même à sa couvée.

70 — **Reber** (Henri), compositeur de musique, membre de l'Académie des Beaux-Arts, n. à Mulhouse (Alsace), 1807, m. 1880.

L. a. s.; Mulhouse, 22 février 1871, 2 p. 1/3 in-8°.

Il songe à regagner Paris, mais il attend que les communications soient rétablies. « Je ne vous parle pas de ma douleur ; ce sont des choses qui ne peuvent s'exprimer par lettres, ni même en paroles. »

71 — **Robert** (Léopold), le grand peintre, auteur des *Moissonneurs*, n. 1794, m. 1835.

L. a. s. au sculpteur Lemoyne ; Venise, 4 octobre 1834, 4 p. in-4°. *Rare.*

Superbe lettre dans laquelle Léopold Robert parle de ses œuvres. Il y montre avec quelle conscience il travaillait et la susceptibilité de son caractère. Il reproche à Lemoyne de l'avoir plaisanté en lui disant qu'il était heureux de faire de la belle peinture et de ne pas se ruiner à ce jeu-là. « Pourquoi penserais-je que, sans raison, tu as voulu me faire de la peine. Chacun a son organisation. La mienne est de me consacrer entièrement à une chose pour qu'elle arrive à avoir un attrait positif pour moi : Je ne sais si, en la comparant à d'autres, cette organisation on la trouverait heureuse ; quoi qu'il en soit, je l'ai et je dois la garder. Et cela sans autre ambition que de chercher à rendre quelque chose que je crois avoir, mais qui ne peut sortir que bien difficilement. » Son séjour à Venise l'a rendu plus réfléchi ; il peut paraître bizarre, mais il n'est pas misanthrope. Intéressants détails sur ses œuvres et sur son caractère.

72 — **Robert** (Léopold).

L. a. s., avec un post-scriptum aut. signé de son

frère *Aurèle*, à M. Alexandre Duchesne; Venise, 5 avril 1834, 3 p. 1/2 in-4°. *Rare*.

Superbe lettre artistique où il donne les plus intéressants détails sur son genre de vie et sur ses travaux.

73 — **Roger** (Gustave), le célèbre chanteur, n. 1815, m. 1879.

7 l. a. s. à Fiorentino; Stettin, Hanovre, Brunswick, Weimar, Breslau, 1853-1855, 32 p. in-8°.

Très curieuse correspondance dans laquelle Roger raconte sa tournée dans les grandes villes d'Allemagne. Les lettres sont pleines de détails artistiques, de notes d'un voyageur curieux et contant bien. Il a eu une réception triomphale à Breslau; trois musiques militaires l'ont accompagné à son hôtel. L'Opéra de Berlin est vide. Récit d'un bon mot un peu vif du roi de Prusse; piquante anecdote sur le physique de Mlle Wagner, détails sur un banquet qu'on lui a donné à Cologne après avoir chanté à l'improviste l'*Erlkönig* de Schubert. Roger a chanté chez le roi de Hanovre le *Roi des aunes* et le *Pêcheur*, de Membrée. « A côté du musicien allemand, j'avais voulu présenter un compositeur français, il n'a pas paru avec trop de désavantage, » Meyerbeer est venu à Hanovre entendre les *Huguenots*. « Le lendemain, Meyerbeer vint me faire visite et me dit, en me sautant au cou, que si l'on voulait on aurait bientôt son *Africaine*, mais qu'il lui fallait une sorte de réparation de l'article de Troplong. Liszt veut lui faire étudier le *Tannehauser* de Richard Wagner, mais il ne s'y résoudra que s'il était obligé de passer l'hiver en Allemage, etc... Cette correspondance pourrait faire l'objet d'une très intéressante publication.

74 — **Talleyrand** (Charles-Maurice de), prince de Bénévent, le fameux diplomate, n. 1754, m. 1838.

L. a. s. à Napoléon Ier; Paris, 20 avril, 1 p. in-fol.

Il le félicite sur la naissance d'un prince dans la famille impériale. « Je dois en sentir davantage l'importance, moi que le sentiment, le respect et la reconnaissance attachent d'une manière plus particulière à Votre Majesté. Je la supplie d'agréer avec bonté l'expression de ma joie et les vœux ardents que je forme à chaque moment de ma vie pour la prospérité

de son auguste famille. . . . . ıe peut être trop nombreuse pour
la tranquillité et le boɪ. . . . . du monde. »

75 — **Tronchin** (Théodore), le célèbre médecin de Vol-
taire, n. 1709, m. 1781.

L. a. s. à Sauvage, à Montpellier; Palais-Royal,
27 mars 1766, 2 p. in-4°, cachet très bien conservé.

Très curieuse lettre. Il fait un vif éloge des talents et du
caractère de Sauvage. Les médecins que Tronchin a rencon-
trés à Paris ne lui ressemblent en aucune manière. Les cœurs
se corrompent dans les grandes villes, les distractions éloi-
gnent de l'étude de la médecine, qui demande autant d'atten-
tion que d'observation. « L'inadvertance et la légèreté le
rendent malheureusement de tous les arts le plus nuisible,
en sorte qu'il me paraît bien décidé qu'il vaudrait mieux, tout
bien compté, pour l'humanité, qu'il n'y eut point de médecins.
Vous et vos semblables, Monsieur, sont en si petit nombre,
ceux qui ne vous ressemblent pas en si grand nombre, le
bien que vous faites, comparé au mal qu'ils font, est si petit,
que mieux vaudrait que la vie des hommes fut tout simple-
ment confiée à la bonne nature, dont les ressources sont
infinies. »

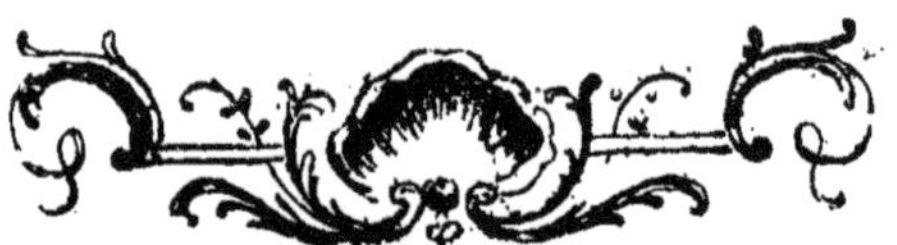